AF145687

Anton C. Huber

Wie Sie einzigartig werden und dadurch Ihren Traumjob bekommen.

Wie Sie sich für Ihren künftigen Arbeitgeber
unwiderstehlich machen.

Bibliografische Information der Deutschen Nationalbibliothek:

Die Deutsche Nationalbibliothek verzeichnet diese Publikation in der Deutschen Nationalbibliografie; detaillierte bibliografische Daten sind im Internet über http://dnb.dnb.de abrufbar.

Foto: © Coloures-pic
Umschlaggestaltung: Sophia Valkova
Lektorat: Annette Scholonek

Herstellung und Verlag: BoD – Books on Demand, Norderstedt

ISBN: 978-3-7347-8538-2

Inhaltsverzeichnis

Definieren Sie Ihr Angebot zielkundengerecht 35

Fazit 44

Vorwort

Es gibt inzwischen Stellenausschreibungen, auf die sich mehrere hundert Kandidaten bewerben. In den meisten Fällen kommt davon maximal einer zum Zuge. Es gibt aber auch immer wieder Stellen, wo alle Bewerber eine Absage erhalten, weil keiner zu überzeugen vermag. So oder so: Die Chance, als »einer unter mehreren hundert« eine Stelle zu erringen – und insbesondere »Ihre Traumstelle« –, ist verschwindend klein.

Als Rekrutierungsspezialist sehe ich oft in einem einzigen Monat tausende Bewerbungsunterlagen durch. Geht man von 20 Arbeitstagen im Monat und einem Zeitbudget von ein bis zwei Stunden täglich für die Erstsortierung von Bewerbungen aus, dann rechnen Sie damit, dass von mir – aber auch von der Mehrzahl meiner Berufskollegen – in der Erstauswahl unzählige Akten im Minutentakt gesichtet werden, ehe entschieden wird, welche man sich genauer anschaut.

Dies betrifft zumeist nur eine gewisse Klasse von Stellen, denn die Bewerbungen für die meisten Stellen werden längst wahlweise von Assistentinnen, Azubis oder Aushilfen nach einem gewissen Raster gesichtet und beantwortet.

In Ihrer Absage lesen Sie dann: »Nach intensivem Studium Ihrer sehr interessanten Unterlagen sind wir zum Schluss gekommen, dass andere Kandidaten noch besser geeignet sind.« Keiner erzählt Ihnen, dass das Studium von einer Aushilfe gemacht wurde, die in der Stunde mehrere Dutzend solcher Absagen versendet.

Sie finden das nicht fair? Sie haben absolut recht, aber beschweren Sie sich darüber bitte nicht bei mir, sondern bei Ihrem Gesetzgeber, der Arbeitslosen eine gewisse Anzahl von Arbeitsbemühungen vorschreibt und auf diese Weise dafür sorgt, dass eine Vielzahl von Bewerbern schon mit ihrem Motivationsschreiben klarstellen, dass sie eigentlich »keinen Bock« haben. Damit stehlen sie uns die Zeit, um ernsthafte Bewerber intensiver anzuschauen.

Woran liegt es nun aber, dass jemand dieses Screening übersteht? Die Antwort ist ganz einfach: positiv auffallen. Wer seinen Lebenslauf mit der Lebenslauf-Vorlage XYZ von Anbieter ABC macht, geht unter in der Masse. Wer seine Unterlagen individuell gestaltet sowie der Stelle und seiner Persönlichkeit angepasst, sticht heraus und wird in vielen Fällen genauer betrachtet.

Eine weitere Erfolgsstrategie ist die Bewerbung im verdeckten Arbeitsmarkt. In vielen Fällen ist es viel erfolgversprechender, wenn Sie sich nicht auf ausgeschriebene Stellen bewerben, sondern Firmen, wo »Ihr Profil wie die Faust aufs Auge passt«, initiativ anschreiben.

Dies ist der Inhalt dieses Buches. Herauszufinden, was Sie und Ihr Angebot für einen potenziellen Arbeitgeber attraktiv macht, daraus potenzielle Interessenten für Ihr Profil zu finden und dort mit Ihrem »einzigartigen« Angebot zu überzeugen. Wenn Sie das konsequent durchführen, werden Sie sehen, wie Ihre Erfolgschancen und die Zahl der Interview-Einladungen dramatisch steigen.

Viel Erfolg bei der Stellensuche

Ihr

Anton C. Huber
Sr. Recruiting Specialist

Stärken finden –
Maßnahmen definieren

Was in der Wirtschaft gilt, gilt auch für den Arbeitsmarkt: Um ein Produkt erfolgreich am Markt zu positionieren, muss man das Produkt zunächst unvoreingenommen analysieren. Nur dann ist man in der Lage, es richtig zu platzieren, Stärken hervorzuheben, Schwächen eventuell zu kompensieren sowie Chancen und Risiken zu erkennen.

Genau das werden wir hier tun. Nur diesmal geht es nicht um einen neuen, besonders hitzebeständigen Topflappen, sondern um Sie. Sie bieten Ihrem Arbeitgeber eine bestimmte Leistung zu bestimmten Bedingungen an und dieser wird diese Leistung durch den Abschluss eines Arbeitsvertrages »mieten«.

Womöglich erinnert Sie diese Sichtweise an »Sklavenhandel« und Sie finden einen solchen Ausdruck unpassend oder sogar unmenschlich. Das können Sie ohne weiteres so sehen. Doch wenn Sie sich den Begriff »Human Ressources«[1] einmal genauer anschauen, werden Sie feststellen, dass ich nicht alleine mit dieser Sichtweise stehe.

Die Vier-Felder-Matrix

Der erste Schritt besteht darin, die Ist-Situation zu analysieren. In einer Vier-Felder-Matrix tragen Sie zunächst die Stärken und Schwächen Ihres persönlichen und beruflichen Profils ein.

---

[1] Human Ressources meint im eigentlichen Wortsinn menschliche Ressourcen. Ressourcen sind Produktionsmittel wie Rohstoffe, Arbeitsmaterialien, Maschinen oder eben Menschen als wichtige Faktoren, die sicherstellen, dass eine Firma ihre Marktleistung erbringen kann.

Im zweiten Bereich betrachten wir die Möglichkeiten. Hier arbeiten Sie Chancen und Risiken (Gefahren) in Bezug auf Ihr Umfeld heraus. Dabei geht es um Themen wie Branche, Arbeitsmarkt, Konkurrenz-Situation sowie Ihr eigenes Netzwerk.

Situation	Positiv (+)	Negativ (-)
Ist	Stärken	Schwächen
Möglichkeit	Chancen	Risiken

Zeichnen Sie eine Vier-Felder-Matrix auf und setzen Sie in die verschiedenen Felder Ihre Erkenntnisse ein. Wenn Sie die Möglichkeit haben, besprechen Sie das Resultat anschließend mit einem Freund, der Ihnen dazu eine Einschätzung von außen geben kann.

Versuchen Sie möglichst offen an die Arbeit heranzugehen. Verbieten Sie sich keine Gedanken. Es macht nichts, wenn Sie im ersten Wurf etwas übertreiben oder manche Dinge noch nicht ganz perfekt sind. Sie können auch eine Version 2, 3 etc. herstellen, bis alles passt. Wenn Sie sich schon von Anfang an irgendwelche Grenzen setzen, riskieren Sie, dass Sie gewisse Themen, die wichtig sein könnten, übersehen.

Stärken

Stellen Sie in dieser Rubrik all Ihre persönlichen und beruflichen Stärken zusammen. Beispiele könnten sein:

Persönliche Stärken:

– Durchhaltewille

– Intelligenz

– Belesenheit

> – gute Umgangsformen
>
> – Flexibilität bei Wohnort und Arbeitszeit
>
> – ...

Berufliche Stärken:

> – Fachkenntnisse in ... , ... und ...
>
> – Beziehungsnetz in Branche ...
>
> – Erfahrung im Einsatz von ...
>
> – ...

Schwächen

Es bringt nichts, sich zu belügen. Schreiben Sie hier offen Ihre Schwächen auf. Diese Informationen sind nur für Sie bestimmt. Das Wissen um Ihre Schwächen hilft Ihnen, in einem zweiten Schritt festzulegen, welches glaubwürdiges Angebot Sie einem künftigen Arbeitgeber machen könnten. Es macht wenig Sinn, sich um eine Stelle als Bademeister zu bewerben, wenn »Angst vor Wasser« eine Ihrer größten Schwächen ist. Überlegen Sie, an welchen Schwächen es sich zu arbeiten lohnt und welche Sie einfach stehen lassen können.

Chancen

Im Bereich Chancen nehmen Sie bildlich die Kristallkugel hervor und machen sich Gedanken darüber, welche Ihrer Eigenschaften und Kompetenzen für Sie besonders vorteilhaft sein könnten. Sind Sie Informatiker, könnte sich aus dem Beherrschen gewisser Programmiersprachen ein entscheidender Wettbewerbsvorteil ergeben. Ebenso könnte die Tatsache, dass Sie seit Jahren in einem Service-Klub aktiv sind und dadurch ein großes internationales Netzwerk haben, sowohl für Ihre Stellensuche wie auch für Ihren nächsten Arbeitgeber nützlich sein.

Risiken

Risiken sollten genauso ehrlich wie Schwächen betrachtet werden. Oft können Elemente aus den Chancen auch Risiken darstellen. So kann es ein großes Risiko sein, wenn Sie als Programmierer hauptsächlich kaum mehr verwendete Programmiersprachen beherrschen. Andererseits bedeutet das möglicherweise auch, dass es nur noch wenige Programmierer gibt, die besagte Programmiersprache aktiv nutzen oder eine entsprechende Stelle möchten.

Die Acht-Felder-Matrix

Nachdem in der Vier-Felder-Matrix der Ist-Zustand herausgearbeitet wurde, gehen wir in der Acht-Felder-Matrix zur Entwicklung einer Strategie über.

	Chancen *	Risiken *
Stärken *	Einsatz von Stärken zur Erhöhung von Chancen	Einsatz von Stärken, um Risiken abzuschwächen
Schwä-chen *	Überwindung von Schwächen, um Chancen zu ergreifen	Überwindung von Schwächen, um Risiken zu reduzieren

(* Übertragen aus der Vier-Felder-Matrix)

Die Ergebnisse der Ist-Analyse werden in die vier Randfelder eingetragen. Basierend auf den Schnittmengen von Stärken und Schwächen mit Chancen und Risiken ergeben sich Potenziale und »Arbeitsaufträge«. Um aussagekräftige Matrizen zu erhalten, hat es sich bewährt, nicht zu viele Elemente aus der vorangegangenen Matrix mitzunehmen oder ggf. für mehrere Kombinationen mehrere Matrizen zu bilden.

Einsatz von Stärken zur Erhöhung von Chancen

Zentrale Frage ist hier, wie Sie durch Hervorheben oder Ausbau einer Stärke Ihre Chancen erheblich erhöhen. Zum Beispiel könnten Sie sich eine (schriftliche) Referenz von einer Person beschaffen, bei der Sie besagte Stärke bereits erfolgreich eingesetzt haben. Oder Sie machen eine Weiterbildung, erwerben ein entsprechendes Diplom, veröffentlichen Bücher zum Thema u. v. a.

Einsatz von Stärken um Risiken abzuschwächen

Potenzielle Arbeitgeber sind im Normalfall daran interessiert, ihre Risiken zu reduzieren. Jeder neue Mitarbeiter birgt Chancen und Konfliktpotenzial. Wenn Sie ihm helfen können, solche Gefahren zu mindern, ist das für ihn von

Interesse, sofern er das Risiko ebenso wahrnimmt.

Daneben geht es auch darum, Ihr eigenes Risiko in der Stellensuche zu reduzieren. Wenn Sie zu einer Berufsgruppe gehören, wo eine relativ hohe Arbeitslosigkeit herrscht, kann es für Sie ein erheblicher Vorteil sein, wenn Sie nicht nur die traditionelle Technik, sondern auch Zusatzfähigkeiten besitzen, die Ihre Fähigkeiten überzeugend ergänzen. So wäre es für den bereits erwähnten Programmierer mit der veralteten Programmiersprache ein riesiger Vorteil, wenn er auch Erfahrung in der Migration von Funktionen aus der alten Programmierumgebung in ein neues, modernes Software-Umfeld hätte.

Überwindung von Schwächen, um Chancen zu ergreifen

Welche Schritte sollten Sie gehen, damit bestehende Schwächen Ihre Chancen nicht reduzieren? Das können Weiterbildungsmaßnahmen, Coaching-Maßnahmen oder auch ganz andere Ansätze sein.

Überwindung von Schwächen, um Risiken zu reduzieren

Welche Schritte sollten Sie machen, um Risiken zu reduzieren? Wenn eines Ihrer Risiken lautet, dass Sie in Stress-Situationen wie Vorstellungsgesprächen nur Unsinn reden, dann lohnt sich womöglich ein Coaching, ein einfaches Training mit Freunden oder in einem Rhetorik-Klub wie dem Toastmaster.

Definition von Maßnahmen

Wenn Sie die Arbeit in der Acht-Felder-Matrix gewissenhaft gemacht haben, müssten nun einige Maßnahmen zutage getreten sein, die es sich anzugehen lohnt, um Ihre Chancen am Arbeitsmarkt zu erhöhen. Erstellen Sie daraus eine Liste und priorisieren Sie die Maßnahmen nach Wichtigkeit (Wege, die Ihre Chancen deutlich verbessern) und der Dauer, sie umzusetzen. Punkte, die weder wichtig noch schnell umsetzbar sind, lassen Sie vorerst auf der Seite. Es gilt, pragmatisch an die Punkte heranzugehen. So kann es sein, dass ein Universitätsabschluss Ihre Chancen erheblich vergrößert, doch in den meisten Fällen wird das zu lange dauern. Eine Überarbeitung Ihres Lebenslaufs hingegen hat nicht so viel Wirkung wie der Dr.-Titel, lässt sich dafür relativ schnell bewerkstelligen.

Fokus erweitern

War es für Menschen vor zwei Generationen noch üblich, ihr ganzes Berufsleben bei demselben Arbeitgeber zu verbringen, so haben die meisten Arbeitnehmer heute schon in den verschiedensten Branchen, Positionen und Funktionen gearbeitet. Tatsächlich ist ein Stellenwechsel immer ein lohnender Zeitpunkt, sich den Arbeitsmarkt genauer anzuschauen und sich einen Eindruck zu verschaffen, welche Herausforderungen den eigenen Wünschen und Fähigkeiten entsprechen.

Suchbereiche und Berufsfelder

Zur Erweiterung des Suchfokus gibt es ganz unterschiedliche Techniken. Der für mich zielführendste, weil persönlichste Ansatz ist Brainstorming. Diese Technik soll Ihnen helfen herauszufinden, welche Stellen für Sie infrage kommen, resp. für welche Stellen Sie mit Ihren Fähigkeiten, Kenntnissen und Neigungen geeignet sind.

Brainstorming-Ansatz

Im Brainstorming-Ansatz geht es darum, ganz offen zu sein. Nehmen Sie vier große Blätter zur Hand. Auf das erste schreiben Sie groß »Berufserfahrung«, auf das zweite »Freizeit«, auf das dritte »Talente« und auf das vierte »Traumberufe«.

Berufserfahrung

Notieren Sie nun auf dem Blatt »Berufserfahrung« alle Tätigkeiten, die Sie je in Ihrem Leben gemacht haben. Vergessen Sie dabei keine Nebenjobs, Ferienjobs, Aushilfsjobs, ehrenamtlichen Tätigkeiten und alles, was im weitesten Sinne eine berufliche Tätigkeit sein könnte (egal, ob Sie dafür Geld genommen haben oder nicht). Wenn Sie in Ihrer Freizeit das Rosenbeet Ihrer betagten Nachbarin pflegen, dann sollten Sie das ebenfalls aufschreiben. Brainstorming lebt davon, dass wir uns keine Grenzen setzen.

Freizeit

Im Bereich Freizeit notieren Sie alle Tätigkeiten, die sie in Ihrer Freizeit ausführen oder womit Sie sich beschäftigen. Dazu gehören Hobbys, Aktivitäten in Vereinen und Themen, über welche Sie sich in der Freizeit weiterbilden. Wenn Sie sich intensiv mit Kakteen beschäftigen, viel darüber lesen und auch selbst welche pflegen, dann gehört diese Information auf dieses Blatt.

Talente

Gibt es Dinge, die Sie besonders gut können? Wenn Sie hier nicht selbst zu Ideen kommen, fragen Sie Menschen, die Sie gut kennen.

Traumberufe

Haben Sie immer davon geträumt, als Forscher den Amazonas zu erkunden, als Feuerwehrmann Brände zu löschen oder als Astronaut bei der NASA anzuheuern? Hier ist der Platz, dies zu notieren.

Browsing-Ansatz

Ein alternativer Ansatz zum Erweitern des Suchfokus ist der Browsing-Ansatz. Nehmen Sie dazu je eine Branchen- und eine Berufsfelder-Liste wie man sie zuhauf im Internet findet. Natürlich können Sie Branchen und Berufsfelder, wo Sie auf keinen Fall arbeiten möchten, auslassen. Alle anderen schreiben Sie in die erste Spalte einer Tabelle. In der zweiten Spalte ergänzen Sie Erfahrungen, Kompetenzen und Qualifikationen, die in dieser Branche (resp. diesem Berufsfeld) entweder gefordert oder

zumindest hilfreich sind, und die sie abzude-
cken vermögen.

Branchen und Berufsfelder, zu denen Sie keine
Erfahrungen, Kompetenzen oder Qualifikationen mitbringen, können Sie aussondern. Bei
allen anderen lohnen sich ein genaueres Hinse-
hen sowie eine Analyse mit dem Schnittstellen-
Diagramm-Ansatz.

Supply-Chain-Ansatz

Der Supply-Chain-Ansatz ist eine dritte Technik
zur Erweiterung des Suchbereiches. Er basiert
auf einer genaueren Betrachtung der Wertschöpfungskette.

Ausgehend von einer bestimmten Tätigkeit
werden »benachbarte« Funktionsbereiche ana-
lysiert. Dieser Betrachtungsweise liegt folgen-
de Überlegung zugrunde: Es besteht eine relativ große Wahrscheinlichkeit, dass jemand, der

in einem Bereich tätig war, auch gewisse Erfahrungen in angrenzenden Bereichen hat. So ist denkbar, dass ein Mitarbeiter des Ersatzteileinkaufs auch eine gewisse Ahnung von Lagerbuchhaltung aufweist oder dass jemand aus dem Vertrieb Ahnung von Marketing hat, zumal Positionen und Verantwortlichkeiten in Firmen sehr unterschiedlich verteilt sind.

Daneben besteht die Möglichkeit, dass über Stellvertretungen in benachbarten Bereichen zusätzliche, gar nicht bewusste Kompetenzen aufgebaut wurden. Ebenso müssen einige Fertigkeiten entlang der Supply Chain von mehreren Personen beherrscht werden. Zum Beispiel sollte der Hersteller von Fast-Food-Produkten Hygiene-Vorschriften im Lebensmittel-Bereich genauso kennen wie der Küchenchef oder der Mitarbeiter der auf Gastronomie spezialisierten Reinigungsfirma.

Vorgelagerte Tätigkeiten

Unter vorgelagerten Tätigkeiten versteht man Tätigkeiten, welche bereits abgeschlossen sein müssen, bevor Sie Ihre eigentliche Arbeit ausführen. So muss das Gemüse geerntet, verkauft, eingekauft und geputzt sein, bevor der Koch daraus ein leckeres Gericht zubereiten kann.

Nachgelagerte Tätigkeiten

Hierunter fallen Tätigkeiten, die anstehen, nachdem Sie Ihre Aufgabe erledigt haben. Im Koch-Beispiel hat der Service den Teller mit Ihrem Gemüse an den Tisch gebracht und später leere Teller abgeräumt. Anschließend wurden die Teller und das Besteck abgewaschen, Reste entsorgt und der Tisch nach dem Weggang des Gastes neu gedeckt.

Nebengelagerte Tätigkeiten

Diese Tätigkeiten stehen im engen Zusammenhang mit Ihrer Tätigkeit, wurden aber parallel zu der Ihren durchgeführt – allerdings ohne Abhängigkeit von Ihrer. Beispielsweise könnte parallel zu Ihnen ein Sommelier (oder Weinberater) gearbeitet haben, der den Gästen Weine empfahl, die optimal mit der gewählten Mahlzeit harmonierten. Vielleicht bestand in Ihrer Küche auch eine Arbeitsteilung und während Sie Gemüse verarbeitet haben, hat ein Grillmeister edles Fleisch geröstet.

Prüfen Sie ebenfalls, ob außerhalb Ihres Betriebes Tätigkeiten stattfanden, die in der Wertschöpfungskette parallel zu Ihrer verlaufen sind. Etwa könnte ein Lebensmitteltechniker bei einem Hersteller von Fast-Food-Produkten Gemüse vom selben Anbieter verarbeitet haben. Solche Themen sollten Sie besonders dann prüfen, wenn sie eine hohe Verwandtschaft zu

Ihren Erfahrungen besitzen.

Schnittstellen-Diagramm-Ansatz

Die Schnittstellen-Diagramm-Prüfung ist eine wundervolle Möglichkeit, gefundene Ideen zu verifizieren. Malen Sie dazu auf einem möglichst großen Papier drei sich überschneidende Kreise mit den Titeln: »Was kann ich?«, »Was will ich?« und »Was wird gefordert?«

Notieren Sie nun für jede gefundene Idee in einem eigenen Diagramm. Im Idealfall sollten sich die Bereiche dessen, was Sie wollen, was

Sie können und was gefordert wird, weitgehend überschneiden. Eine hundertprozentige Überschneidung wird es aber kaum geben. Lassen Sie sich davon nicht entmutigen. Sind die Bereiche gegenseitiger Überdeckung sehr klein, sollten Sie die entsprechende Berufsidee noch einmal prüfen oder die hierfür notwendigen Kompetenzen aufbauen.

Definieren Sie Ihr Angebot zielkundengerecht

Im Idealfall haben Sie aus dem Kapitel »Fokus erweitern« eine Handvoll weiterer Berufsideen gefunden. Daneben gibt es jene Tätigkeiten, welche Sie schon erfolgreich ausgeführt haben und die Sie gern wieder ausüben würden. Es geht nun darum, für die verschiedenen Bereiche (oder sogar für einzelne Arbeitgeber) individuelle Angebote zu erstellen.

Es geht *nicht* darum, irgendwelche Lügen zu erfinden, sondern, dass Sie aus Ihrem Profil mit Ihrem Erfahrungsschatz, Ihren Kenntnissen und Fähigkeiten jene Themen in den Vordergrund stellen, welche für einen potenziellen Arbeitgeber in besagtem Bereich von besonderer Wichtigkeit sind.

Selbstmarketing

»Der Köder muss dem Fisch schmecken, nicht dem Angler«, ist eine altbekannte Weisheit. Für das Thema Stellensuche übersetzt heißt das: Selbstmarketing setzt voraus, dass man sich mit den Bedürfnissen jener Firma auseinandersetzt, bei der man arbeiten möchte. Der AIDA-Ansatz und die Kenntnis Ihrer persönlichen Alleinstellungsmerkmale sind zwei wichtige Gesichtspunkte in der Erarbeitung einer Marketing-Strategie, egal ob es um eine neue Sorte Teigwaren, einen Luxuswagen oder Ihre Arbeitsleistung geht.

AIDA-Ansatz

Man spricht nicht zufällig von einer Bewerbung. Natürlich geht es bei jeder ernst gemeinten Bewerbung darum, dass Sie einem potenziellen Arbeitgeber Ihre Arbeitsleistung anbieten. Eine erfolgreichere Herangehenswei-se aus der Wirtschaft ist aber das AIDA-Prinzip. Dabei will man zunächst die Aufmerksamkeit (Engl.: Attention) eines Kunden gewinnen, da-rauf basierend sein Interesse (Interest) we-cken, danach die Erfüllung seines Wunsches suggerieren (Desire), um ihn schließlich zu ei-ner Handlung (Action) zu veranlassen. Die ge-wünschte Action ist in unserem Fall, dass er Arbeitgeber Sie zu einem Vorstellungsgespräch einlädt.

Aufmerksamkeit

Sie müssen erreichen, dass Sie aus dem Stapel von Bewerbungen im Briefkasten, der Mailbox oder dem Online-Bewerbungstool in positiver Art und Weise herausstechen. Nur so bringen Sie den Empfänger dazu, sich Ihre Unterlagen genauer anzuschauen. Instrumente dafür könnten ein spezielles attraktives Design, eine professionelle Fotografie oder eine unerwarte-te Ansprache sein. Beachten Sie dabei in jedem Fall, dass die Aufmerksamkeit mit einem positiven Gefühl einhergehen sollte. Wer negativ auffällt, wird seine Chancen im Normalfall nicht vergrößern.

Interesse

Interesse entsteht, wenn Ihr Profil mit dem Bedürfnis des Arbeitgebers (weitgehend) übereinstimmt und zusätzlich durch Professionalität und Glaubwürdigkeit überzeugt. Dies geschieht, wenn geschilderte Fakten und Argumentationen nachvollziehbar sind. Außerdem ist es für viele Recruiter wichtig, die Person hinter dem Profil zu »fühlen«. Ein gutes Set an Bewerbungsunterlagen hat in jedem Fall »Persönlichkeit«.

Wunsch

Wer Bewerbungsunterlagen für eine bestimmte Stelle durchsieht, wird in den meisten etwa dasselbe lesen. Kandidaten, die sich um eine Stelle als Sachbearbeiter im Bereich Deutsch und Englisch bewerben, weisen in den meisten

Fällen vergleichbare Ausbildungen, Berufserfahrungen und Sprachkenntnisse auf wie die Konkurrenz. Hinter ähnlichen Bewerbungen stehen jedoch oft ganz unterschiedliche Menschen mit unterschiedlichen Schicksalen, Erfahrungen, Fähigkeiten und Motiven. Diese sind bei einem schnellen Screening von Dokumenten kaum sichtbar.

Auf dieser Stufe haben Sie die Aufmerksamkeit bereits geweckt und Ihre Unterlagen wurden auch für interessant befunden. Nun geht es darum, beim Recruiter den Eindruck auszulösen, dass genau Sie die richtige Person für die ausgeschriebene Stelle sind und er Sie zum Vorstellungsgespräch einladen sollte.

Handlung

Es ist immer wieder überraschend, wie schwer es einem viele Kandidaten machen, sie zu einem Vorstellungsgespräch einzuladen. Oft ist die Handynummer fehlerhaft und E-Mail-Boxen sind voll. Auch kommt vor, dass die Ansagetexte auf Voice-Boxen und Telefonbeantwortern den guten Eindruck ins Gegenteil verkehren, den der Kandidat mit viel Aufwand aufgebaut hat. Prüfen Sie ganz sorgfältig, ob Ihre Kontaktdaten fehlerfrei sind, Mailboxen ausreichend freien Platz für Antworten bieten und Ansagetexte dem Eindruck entsprechen, den Sie Ihrem potenziellen Arbeitgeber vermitteln möchten.

Ihr USP (Alleinstellungsmerkmal)

Als Alleinstellungsmerkmal (engl. unique selling proposition oder unique selling point, USP) wird im Marketing und in der Verkaufspsychologie das herausragende Leistungsmerkmal bezeichnet, mit dem sich ein Angebot deutlich vom Wettbewerb abhebt. Synonym ist veritabler Kundenvorteil. Das Alleinstellungsmerkmal sollte „verteidigungsfähig", zielgruppenorientiert und wirtschaftlich sein sowie in Preis, Zeit und Qualität erreicht werden. Der Begriff gehört zum Grundvokabular des Marketings. Ein Alleinstellungs-

merkmal, d. h. ein einzigartiges Nutzenverspre-
chen, soll mit dem Produkt verbunden werden.

Quelle: Wikipedia

In einer Bewerbung geht es darum, einem potenziellen Arbeitgeber Ihre Leistung möglichst positiv zu vermitteln. Beachten Sie jedoch, dass die Wahrnehmung dessen, was ein USP ist, vom Publikum abhängt. In der Sichtweise der einen Firma kann es ein unschätzbarer Vorteil sein, wenn Sie eine Maschine seit Jahren so gut kennen, dass Sie diese selbst warten und reparieren können. Für eine andere Firma, welche besagte Maschine nicht einsetzt, reduziert sich die Aussage auf: »hat ein gewisses handwerkliches Geschick und praktische Erfahrung«. Eine erfolgreiche Bewerbungsstrategie – insbesondere für Menschen mit einiger Berufserfahrung – führt weg vom Massen-Broadcast und hin zu einer ganz gezielten Kundenansprache, wo Bewerbung und Stelle quasi individuell aufeinander abgestimmt werden.

Wenn Sie daran arbeiten, Ihren USP für eine bestimmte Position herauszuarbeiten, sollten Sie noch Folgendes bedenken: Ein USP sollte ein unverwechselbares, motivierendes und überprüfbares Nutzenversprechen sein. Irgendwelche verbalen Luftblasen sind genauso fehl am Platz wie Selbstbeweihräucherungen.

Hilfreiche Fragestellungen im Zusammenhang mit der Ausarbeitung Ihres USP können sein:

- Warum sollte die Firma ausgerechnet Sie anstellen und nicht Ihre Mitbewerber?
- Was haben Sie der Firma zu bieten, was für diese wertvoll ist und was nur Sie bieten können?

Beantworten Sie diese Fragen immer aus der Sicht Ihres potenziellen Arbeitgebers.

Es ist möglich, dass Ihr UPS nicht in einer einzigen Fähigkeit oder Erfahrung, sondern in der Kombination mehrerer Kompetenzen liegt. Erst diese Mischung macht Sie einzigartig. Allerdings sollten Sie das Thema Einzigartigkeit nicht überstrapazieren. Sie müssen nicht der einzige Mensch auf dem Planeten sein, der ein bestimmtes Angebot zu machen hat. Es reicht schon völlig, wenn Sie der Einzige mit besagtem UPS sind, der sich *bei der Firma bewirbt* und für das Unternehmen als potenzieller Mitarbeiter greifbar ist.

Fazit

Wenn Sie die Schritte dieses Ratgebers mit Ihrem eigenen Profil durchgearbeitet haben (nur zu lesen bringt Sie kaum weiter), müssten Sie nun in der Lage sein, für potenzielle Arbeitgeber ein klares Profil zu formulieren.

Ob Sie dadurch mehr Einladungen zu Vorstellungsgesprächen erhalten, hängt stark von Ihrem Profil und dem angestrebten Bereich ab. Was ich aber aus eigener Erfahrung als Recruiter sagen kann, ist, dass Sie viel zielgerichteter Einladungen bekommen werden. Je genauer Ihr potenzieller Arbeitgeber Sie im Vorfeld wahrnimmt, umso wahrscheinlicher ist, dass Sie bei einer Stelle, auf die Sie sich beworben haben, auch zum Zuge kommen.